La démolition des bâtiments

**Directeur de collection :
Léo-James Lévesque**

Anne O'Brien
et Harry Hughes

ERPI

Table des matières

La démolition

La démolition est la destruction d'un bâtiment ou d'une autre construction. Parfois, on démolit un bâtiment parce qu'il est dangereux, trop vieux ou endommagé. Dans d'autres cas, on démolit un vieux bâtiment pour en construire un nouveau.

Les Berlinois ont démoli le mur de Berlin pour réunir les deux parties de leur ville.

On démolit parfois des structures quand de grands changements sociaux surviennent. En 1989, le mur de Berlin, en Allemagne, a été démoli. Ce mur a divisé la ville de Berlin pendant presque 30 ans. Maintenant, les deux parties de cette ville sont réunies.

Les trois modes de démolition

Il existe trois principaux modes de démolition :

la démolition mécanique

- **La démolition mécanique :** On se sert de machinerie de démolition pour frapper, couper et broyer les parties d'une construction.

- **La démolition à l'explosif :** On se sert de charges d'explosifs pour démolir une construction.

- **La démolition par démontage :** On se sert de méthodes sélectives pour défaire soigneusement une construction afin de réutiliser certains matériaux.

la démolition par démontage

On a utilisé des explosifs pour démolir ces édifices en France.

Comprendre les structures

Les bâtiments doivent être solides et stables. Une structure stable supporte bien un édifice, mais le rend plus difficile à démolir.

Les experts en démolition doivent examiner la construction de la structure avant de commencer un projet. Ils doivent connaître, par exemple, les matériaux qui ont servi à la construction pour choisir les bons outils de démolition. Ce sont parfois les constructeurs qui fournissent cette information. Ces experts choisissent les parties du bâtiment à recycler.

le bois

le métal
(une poutre d'acier)

le béton armé

Les pyramides

Il y a des milliers d'années, la base d'une haute construction devait être large pour être stable. La grande pyramide de Khéops, en Égypte, a été construite vers 2650 avant notre ère. Cette pyramide fait plus de 145 m de hauteur, et chaque côté mesure 230 m à sa base.

Aujourd'hui, nous connaissons d'autres moyens de construire de hauts bâtiments stables.

La grande pyramide de Khéops.

Les anciens Égyptiens construisaient leurs pyramides en pierre.

La planification et la sécurité

Il est important de démolir une construction sans nuire à la population et à l'environnement. Certains bâtiments contiennent des matériaux dangereux. La loi oblige les ouvriers en démolition à retirer ces matériaux avec soin et à s'en défaire en toute sécurité.

Un expert en démolition surveille à distance une explosion contrôlée. Il communique par radio avec l'équipe de démolition.

Les entrepreneurs en démolition consultent des experts et des professionnels pour s'assurer que le travail de démolition est sans danger. Ils discutent avec les propriétaires des bâtiments, des représentants du gouvernement, des ingénieurs et d'autres experts.

Des entrepreneurs en démolition examinent un projet.

Évite les chantiers de démolition et de construction. Ces endroits sont dangereux.

La démolition mécanique

Dans la plupart des projets
de démolition, on se sert de
machinerie pour faire tomber,
couper ou broyer des parties de
bâtiment. Le boulet de démolition,
la pelle mécanique et la chargeuse
frontale sont les principales machines
de démolition mécanique.

La démolition mécanique prend
plus de temps que la démolition
à l'explosif. La démolition mécanique
est généralement moins coûteuse
et plus sécuritaire. Elle requiert
moins de préparation et
est plus facile à gérer.

La gravité

Les experts en
démolition trouvent
des moyens pour
enlever les éléments
de construction du
bâtiment. Ils laissent
la gravité faire
tomber le reste.

Une pelle mécanique.

8

De la machinerie pour le projet

Un plan détaillé détermine la machinerie nécessaire et les étapes de la démolition.

Le boulet de démolition est suspendu à une très haute grue. Il peut faire tomber les murs d'un bâtiment de plus de quatre étages.

La chargeuse frontale pousse sur les parties plus basses du bâtiment pour les démolir. La pelle mécanique coupe les murs en sections ou les brise en morceaux. La chargeuse frontale récupère les débris destinés au recyclage ou au site d'enfouissement.

Une grue et un boulet de démolition.

Une chargeuse frontale.

La démolition

Un boulet de démolition peut détruire un bâtiment complet.
Le boulet pèse environ 2,25 tonnes. Il est suspendu par
des câbles à une haute grue. Il se balance, frappe et démolit
la structure.

Le grutier ou la grutière manœuvre le boulet. Il faut savoir à
quelle distance reculer la flèche, le long bras de la grue, pour
faire balancer le boulet. Lorsque tout va bien, le boulet se balance
en direction de l'endroit visé sur le bâtiment et le fait tomber.
Le grutier ou la grutière doit aussi prévoir la trajectoire de retour
du boulet pour éviter de frapper la grue.

**le boulet
de démolition**

Les pendules

**Un boulet de démolition
fonctionne comme
un pendule. Un pendule
est un poids suspendu
à un fil tendu. Quand le
poids subit une tension de
côté et qu'il est relâché,
il oscille vers l'autre côté.
La gravité attire le poids
vers le centre. Ensuite,
le mouvement du boulet,
ou l'élan, lui fait dépasser
le centre de la trajectoire.
Ce mouvement ramène
le boulet presque à son
point de départ.**

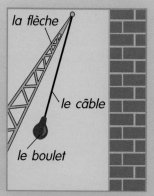

la flèche

le câble

le boulet

Au point le plus éloigné
du bâtiment, le boulet
contient de l'énergie
potentielle. Cette énergie
est emmagasinée dans
un objet sur le point
de bouger.

*le boulet en
mouvement*

Le boulet oscille vers
le bâtiment. L'énergie
potentielle se transforme
en énergie cinétique,
qui est l'énergie en
mouvement. Cette
énergie frappe le mur
avec force.

Le levage

Les pelles mécaniques sont très utiles à la démolition.
Le conducteur ou la conductrice se sert d'un grappin pour
saisir et lever les gros morceaux du bâtiment démoli.
Les pelles mécaniques peuvent
soulever des sections entières
à la fois.

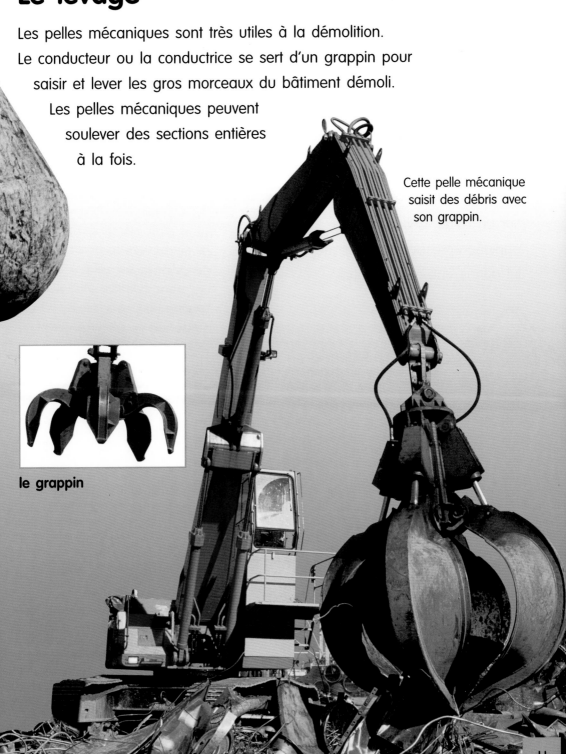

Cette pelle mécanique
saisit des débris avec
son grappin.

le grappin

Le découpage, le broyage et le martelage

La pelle mécanique pèse entre 6,8 et 91 tonnes. Elle possède un long bras muni d'un godet contrôlé par ordinateur.

La force d'une pelle mécanique provient de la pression exercée sur un fluide. Cette pression, appelée «pression hydraulique», lui donne une grande force.

Cette pelle mécanique possède un godet au bout de son bras hydraulique.

L'hydraulique

De nombreuses machines fonctionnent grâce à la pression hydraulique. Une machine hydraulique contient un fluide dans un cylindre. Le cylindre est muni d'un piston qui pousse ce fluide vers le bas. Ce cylindre est relié à un autre cylindre plus gros. La pression exercée sur le fluide par le piston produit une force de compression.

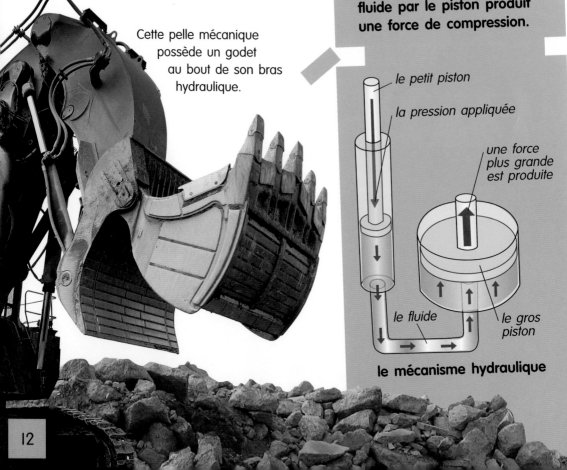

le petit piston

la pression appliquée

une force plus grande est produite

le fluide

le gros piston

le mécanisme hydraulique

Les démolisseurs peuvent fixer plusieurs outils au bras de la pelle mécanique. Certains outils aident à faire tomber la structure. D'autres saisissent, coupent ou écrasent les débris. Les sécateurs fixés au bras de la pelle mécanique coupent l'acier et le béton facilement. Les marteaux-piqueurs utilisent la pression hydraulique pour marteler et broyer. Les broyeurs à béton saisissent et écrasent le béton.

un marteau-piqueur

les sécateurs

le broyeur à béton

L'hydrodémolition

On enlève le béton à l'aide de jets d'eau, souvent mêlés de sable. Cette méthode, appelée «hydrodémolition», permet de laisser intacts les matériaux comme l'acier. L'hydrodémolition est plus rapide et plus économique que les méthodes de démolition traditionnelles.

Le stade de Wembley

Le stade de Wembley a été construit en 1923 à Londres, en Angleterre. La construction a duré 300 jours. Plus tard, on a recouvert le stade d'un nouveau toit de métal et de verre. En 1948, à l'occasion des Jeux olympiques de Londres, on a posé des carreaux de céramique dans les murs pour souligner l'occasion. Le stade a accueilli d'autres événements, comme des matches de tennis et des concerts rock.

En 2000, on a fermé le stade de Wembley. Londres avait besoin d'un stade plus grand et plus moderne qui pouvait accueillir 90 000 spectateurs.

La démolition du stade de Wembley a pris environ cinq mois.

Le vieux stade avait 2 tours en pierre de 38 m. Le 7 décembre 2002, on a commencé à démolir les tours. Deux mois plus tard, une pelle mécanique géante a démoli le reste des tours. Des bulldozers ont fait tomber les autres sections du stade. On a retiré et conservé les carreaux des Jeux olympiques de 1948.

La pelle mécanique qui a servi à démolir les tours du stade de Wembley a été surnommée *Goliath*.

La démolition à l'explosif

Les démolisseurs emploient des explosions contrôlées pour démolir un édifice. Les explosions affaiblissent la structure du bâtiment, et les murs s'effondrent vers l'intérieur. C'est une implosion.

La démolition à l'explosif est réservée à des cas particuliers. Certains bâtiments sont trop près d'autres constructions, et la machinerie ne peut pas circuler. D'autres sont trop hauts. Alors l'implosion est la solution la plus sécuritaire et la plus économique.

Le Kingdome était situé à Seattle, dans l'État de Washington, aux États-Unis. On a démoli ce stade de 24 ans à l'explosif en mars 2000 pour en construire un nouveau.

L'implosion

Au moment de l'implosion, le bâtiment s'écroule vers l'intérieur. Cette méthode permet de démolir un bâtiment sans toucher les autres. Les experts doivent savoir où placer les charges explosives pour faire imploser le bâtiment.

Un bâtiment implose.

Le boutefeu

Le boutefeu est responsable de la planification et de l'exécution d'une démolition à l'explosif. Il doit tenir compte de la hauteur, de la superficie du bâtiment et des effets possibles sur les structures environnantes.

La dynamite

Alfred Nobel a inventé la dynamite en 1866. On s'est servi de la dynamite pendant les guerres mondiales pour détruire des ponts, des usines et des voies ferrées. À leur retour, les soldats ont trouvé une autre utilité à la dynamite. Ils sont devenus les premiers experts en démolition. On se sert encore de la dynamite en démolition.

des bâtons de dynamite

Choisir le bon moment

Les démolisseurs commencent leur travail après avoir minutieusement planifié la démolition. Ils affaiblissent les éléments de construction du bâtiment avec des marteaux-piqueurs et des chalumeaux. Ils coupent les éléments, percent des trous et abattent certains murs pour démolir l'édifice.

Les boutefeux fixent des explosifs munis de minuteries aux colonnes de béton et aux poutres d'acier des premiers étages. Parfois, les ouvriers en démolition recouvrent les colonnes pour empêcher les morceaux de béton de voler en éclats. Ils enveloppent les explosifs pour assurer le fonctionnement des minuteries et des charges. Ils entourent parfois les bâtiments environnants d'un matériau résistant pour les protéger.

Ce boutefeu utilise un séismographe. Cet appareil enregistre les ondes de choc des tremblements de terre et des explosions.

La démolition du Kingdome commence.

Quelques secondes plus tard, d'autres explosions se produisent.

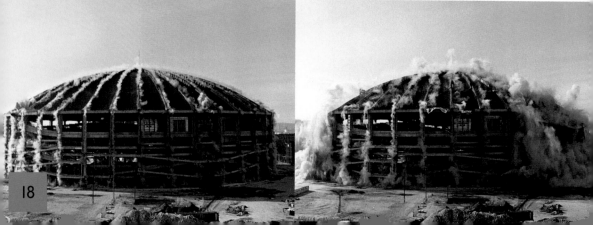

Le jour de l'explosion, l'équipe de démolition vérifie les interrupteurs et les câbles qui relient les explosifs à un poste de commande. L'équipe se réunit au poste de commande, situé à une distance sûre du bâtiment. Ensuite, le son d'une sirène avertit les gens que l'explosion va bientôt se produire. Une minute plus tard, le boutefeu appuie sur un bouton pour faire exploser les charges et déclencher l'implosion.

Voici l'appareil qui déclenchera l'implosion du Kingdome.

Les explosifs n'éclatent pas tous en même temps. Ils sont programmés pour exploser en séquence. En général, les étages du bas, ou la base, explosent en premier pour faire tomber les étages supérieurs. Les explosions en séquence font s'écrouler le bâtiment dans la direction prévue. Un énorme bâtiment peut s'effondrer en quelques secondes.

Les séries d'explosions continuent.   Vingt secondes plus tard, le stade est démoli.

L'hôtel Landmark

Il y a eu plusieurs démolitions à l'explosif à Las Vegas, dans l'État du Nevada, aux États-Unis. On a démoli de vieux hôtels et casinos pour en construire de nouveaux. L'hôtel Landmark a été démoli en novembre 1995. À l'époque, l'implosion de cet hôtel a constitué un record parce qu'il avait 111 m de hauteur.

L'explosion devait être spectaculaire. En fait, des cinéastes ont intégré des images de la démolition dans un film de science-fiction. Un réalisateur a filmé l'hôtel qui s'écroulait. Cette scène fait partie du film *Mars attaque!*

**L'hôtel Landmark
avant la démolition**

La dynamite, soigneusement répartie, a d'abord fait tomber le côté ouest de l'hôtel.

L'aciérie Stelco

Vingt bâtiments de l'aciérie Stelco de Hamilton, en Ontario, ont été démolis en 1997. Ce projet battait les records pour le nombre de structures démolies en même temps. Il y avait des hangars, des entrepôts et des cheminées d'usine.

Démolir 20 bâtiments en même temps était un grand défi, mais ce n'était pas le seul. Les bâtiments étaient en acier. L'acier est beaucoup plus dense que le béton. Il est aussi plus fort et plus flexible. L'équipe d'experts s'est servie d'un explosif très puissant appelé «RDX» pour couper les appuis d'acier. L'équipe a dû couper certaines colonnes d'acier à la machine avant la démolition.

La démolition à l'explosif a fait tomber les cheminées de Stelco.

La démolition par démontage

Parfois, on ne démolit pas pour détruire une structure, mais pour la préserver. La démolition par démontage représente souvent un long travail. Chaque partie du bâtiment doit être protégée avant d'être retirée. La structure sera ensuite reconstruite sur un autre chantier.

Les deux anciens temples égyptiens d'Abou Simbel ont été construits il y a plus de 3000 ans. Ces temples possèdent 4 statues de 20 m de hauteur. Les deux temples risquaient d'être endommagés par le lac Nasser. Les experts ont décidé de les déménager plus haut sur la falaise.

Les temples d'Abou Simbel étaient taillés dans la paroi d'une falaise. Il a fallu les détacher du rocher. Ensuite, les grues ont soulevé les temples jusqu'en haut des falaises.

le site original d'Abou Simbel   **le site actuel d'Abou Simbel**

Entre 1964 et 1968, les temples et leurs statues ont été lentement démantelés. Ils ont été déplacés plus haut sur la falaise et rebâtis. On a construit, derrière les temples, une montagne artificielle qui ressemble aux falaises du site original.

Les anciens temples ne sont pas les seules structures reconstruites. Il y a presque 200 ans, le peuple Oneida vivait dans des longues maisons en Amérique du Nord. Avec le temps, les Oneidas ont construit des bâtiments plus modernes et ont cessé de vivre dans les longues maisons. On a démantelé et entreposé cinq longues maisons dans les années 90. Chaque billot a été marqué pour la reconstruction des bâtiments. Plus tard, on a reconstruit les bâtiments pour une exposition vivante. Les passionnés d'histoire peuvent maintenant entrer dans la longue maison pour mieux comprendre la vie des Oneidas.

Une longue maison.

Le pont de Londres

En 1962, le célèbre pont de Londres semblait s'écrouler. En fait, il s'enfonçait dans le fleuve Tamise. Londres avait besoin d'un nouveau pont.

Robert McCulloch a proposé d'acheter le vieux pont. Il souhaitait le défaire et l'envoyer aux États-Unis pour le rebâtir à Lake Havasu, en Arizona. Tout le monde le croyait fou de vouloir installer un vieux pont anglais de 140 ans dans le désert de l'Arizona.

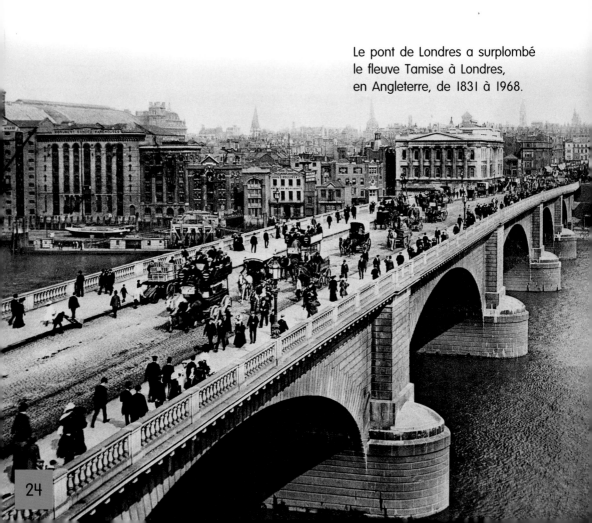

Le pont de Londres a surplombé
le fleuve Tamise à Londres,
en Angleterre, de 1831 à 1968.

M. McCulloch était sérieux. Il a acheté le pont 3,3 millions de dollars. Le démontage a duré trois ans. Ensuite, on a envoyé les 10 276 pièces du pont par avion aux États-Unis et on les a livrées par camion sur le chantier, en Arizona. On a reconstruit le pont sur le canal qui mène à Lake Havasu. Le canal et le lac sont artificiels.

Le pont de Londres est l'un des endroits touristiques préférés en Arizona. La démolition par démontage a permis de sauver cette pièce d'architecture unique.

Depuis 1971, le pont de Londres est près de Lake Havasu, en Arizona.

Le nettoyage et la récupération

Une fois le bâtiment démoli, il faut trier les débris et les récupérer. Certains débris comme la brique de bonne qualité et l'acier sont recyclés. D'autres matériaux sont jetés. Le travail de démolition est terminé quand le chantier est nettoyé.

une chenille

Les bulldozers et les chargeuses frontales participent au nettoyage. Ils peuvent dégager et nettoyer rapidement le chantier.

Les chenilles

Les chenilles permettent au véhicule d'avancer sur des surfaces raboteuses. Les chenilles répartissent plus également le poids de la machine et l'empêchent de se renverser.

Les chenilles écrasent les débris.

La plus grande pelle à poussière du monde

Une chargeuse frontale fonctionne comme une pelle à poussière pour enlever les débris. Elle laisse tomber sa benne sur les débris. Le conducteur ou la conductrice fait tourner la benne dans les débris pour la remplir. Il ou elle lève la benne bien haut au-dessus de la chargeuse frontale. Les débris sont acheminés au poste de triage. La chargeuse frontale retourne chercher un autre chargement de débris. Un conducteur ou une conductrice habile peut faire plus de 100 voyages à l'heure. Les camions-benne transportent les débris à l'extérieur du chantier.

un camion-benne

une chargeuse frontale

Le recyclage

On peut recycler certains débris récupérés d'un chantier de démolition. Les entreprises de démolition recyclent l'acier, le cuivre et le fer. Elles recyclent aussi les bonnes briques et les feuilles d'aluminium.

On transporte au site d'enfouissement les éléments du bâtiment qui ne peuvent pas être recyclés. La chargeuse frontale broie ces débris pour permettre un plus grand chargement dans les camions-benne.

On récupère et on vend les briques faites à la main, le fer forgé et les lavabos.

Une pelle mécanique trie des débris pour le recyclage.

Économiser de l'argent et des matériaux

On récupère et on recycle les pièces d'acier et de fer des bâtiments démolis. Les entrepreneurs ont plusieurs raisons de recycler. Ils veulent contribuer à la protection de l'environnement. Aussi, ils aiment mieux recevoir de l'argent des entreprises de recyclage plutôt que d'en donner au site d'enfouissement.

On peut broyer certains types de béton et de briques et les utiliser pour fabriquer d'autre béton. Le recyclage est bon pour l'environnement parce qu'il réduit le nombre de sites d'enfouissement.

Le recyclage de l'acier

La fabrication de l'acier recyclé est moins coûteuse, car elle requiert moins d'énergie. Ce type d'acier demande moins de matières premières et est moins polluant. Il faut fondre du minerai de fer, du coke et de la pierre calcaire dans un haut-fourneau pour fabriquer de l'acier. Il suffit de faire fondre des débris d'acier dans un four électrique pour le recycler. Cela exige beaucoup moins d'énergie.

Un four électrique fait fondre des débris d'acier.

Conclusion

La démolition exige beaucoup de compétences et
une planification minutieuse. Les experts doivent étudier
la construction du bâtiment et tenir compte de son
environnement. Ils doivent choisir le mode de démolition
approprié et prévoir le nettoyage des débris. Le processus
de démolition demande beaucoup de temps.

En 1998, 20 bâtiments du centre médical
Bow Valley de Calgary, en Alberta, ont implosé.

La plus longue structure démolie avec des explosifs est un pont de l'Ohio, aux États-Unis. Ce pont de 817 m a été démoli en novembre 2003.

Les experts en démolition ont démoli des stades, des magasins, des usines, des tours et de grands hôtels. Grâce à leur travail, le paysage continuera à se transformer.

Index